So lebt

Los Angeles

Der perfekte Reiseführer für einen unvergesslichen Aufenthalt in L.A. inkl. Insider-Tipps, Tipps zum Geldsparen und Packliste

Inken Klee

Alle Ratschläge in diesem Buch wurden sorgfältig erwogen und geprüft. Eine Garantie kann dennoch nicht übernommen werden. Eine Haftung für jegliche Personen-, Sach- und Vermögensschäden ist daher ausgeschlossen. Die Benutzung dieses Buches und die Umsetzung der darin enthaltenen Informationen erfolgt ausdrücklich auf eigenes Risiko.

✈ INHALT

Was erwartet Sie in diesem Buch?

Sie möchten Los Angeles neu oder überhaupt das erste Mal entdecken? Sie sind sich sicher, dass die Stadt mehr zu bieten hat als Strände und unvergessliche Sehenswürdigkeiten? Dann liegen Sie mit diesem Buch genau richtig. In diesem Buch erkläre ich Ihnen, warum diese Stadt ein besonderes und traumhaftes Reiseziel ist. Sie werden Wissenswertes über die Geschichte und die Entwicklung von Los Angeles erfahren. Wir begeben uns in diesem Buch auf eine Reise, in der Sie Los Angeles von einer neuen Seite entdecken werden. In diesem

Buch beschreibe ich Ihnen, was Sie in der Stadt der Engel unternehmen und dabei auch Ihren Geldbeutel schonen können. Ich führe Sie zu den aufregendsten Locations, wo nicht nur Tourismus herrscht. Sie erhalten auch Einblicke in die kulinarische Küche. Ich stelle Ihnen im Folgenden die Highlights der Stadt, die besten Restaurants und Bars für jeden Geschmack, die besten Shopping-Möglichkeiten und die schönsten Strände vor.

Wenn man an Los Angeles denkt, denkt man an eine Stadt "die alles hat", L.A. ist eine moderne Stadt, die zugleich auch eine atemberaubende Landschaft hat. Oft kommt es zu Streitereien in der Familie, wenn es um die Urlaubsplanung geht, da alle unterschiedliche Sachen unternehmen wollen. Bei dem Reiseziel Los Angeles hören die Streitigkeiten auf! Diese Stadt bietet sowohl den schönen Strandurlaub als auch den abenteuerreichen Städtetrip oder Wanderausflug.

Also auf geht's! Starten wir Ihre unvergessliche Reise in die traumhafte und vielseitige Stadt Los Angeles.

Die Geschichte von Los Angeles

Los Angeles befindet im Südwesten der USA und liegt in der Region von Kalifornien. Mit rund 3,9 Millionen Einwohnern ist sie die größte und bevölkerungsreichste Stadt Kaliforniens. Los Angeles ist auch unter dem Namen L.A. oder City of Angels (Stadt der Engel) bekannt.

Los Angeles wurde im Jahre 1781 von einem spanischen Gouverneur gegründet, der die Stadt "El Pueblo de la Reina de Los Angeles" nannte, was aus dem Spanischen übersetzt "Die Stadt der Königin der Engel" bedeutet. Im Jahr 1821 ist Kalifornien zu Mexiko übergegangen und Los Angeles wurde zeitweise zur Hauptstadt der Provinz Alta California. Die Siedlungen vergrößerten sich, da Mexiko sich in diesem Jahr von Spanien unabhängig machte und die einkehrende Demokratie herrschte. Los Angeles wurde der Sitz des spanischen Gouverneurs für die Region Alta California.

Bis zum Jahr 1848 stieg die Einwohnerzahl auf knapp 1700 Einwohner, doch in diesem Jahr brach auch der amerikanisch-mexikanische Krieg aus, der spanische Gouverneur flüchtete und Kalifornien fiel in diesem Jahr an die USA. Seit dem Jahr 1850 wurde auch das US-Recht in Los Angeles eingeführt. Kurz nach dem Kriegsende wurde Gold in der Stadt gefunden und viele Goldsucher sind in den Westen gekommen. In den folgenden Jahren ernannten sich viele weiße Soldaten, die aus dem Osten geflüchtet waren, zu Gesetzeshütern.

Daher geschahen in dieser Zeit viele Morde, mexikanische Banden mischten sich zusammen und es kam zum Bruch zwischen den Rassen. Die mexikanischen Ureinwohner wurden aus der Stadt vertrieben, teilweise sogar Opfer der Gewalt. Sie wurden als die Menschen zweiter Klasse betrachtet.

Die Entwicklung der Stadt

E inige Jahre später, nämlich im Jahr 1872, stieg die Anzahl der Einwohner in Los Angeles an, da die Verbindung zu San Francisco durch die Eisenbahn fertiggestellt wurde. Die Eisenbahnlinie wurde damals von vielen chinesischen Arbeitern gebaut, viele von ihnen blieben auch im Süden Kaliforniens. Es entstand in Los Angeles somit auch der bekannte Stadtteil von L.A.: Chinatown.

Auch die Erdölfunde im Jahr 1892 und der Bau künstlicher Häfen in Long Beach und San Pedro wirkten sich positiv auf das Wachstum der Stadt aus. So wurden in den ersten Jahren des 20. Jahrhunderts ca. 250.000 Einwohner im Großraum Los Angeles gezählt.

Los Angeles ist auch bekannt für die Filmproduktion. Schon im Jahr 1910 wurden die meisten Filme der Amerikaner in Los Angeles gedreht.

Die Diskriminierung in der Stadt zwischen weißen und schwarzen Bürgern trägt auch zu der Geschichte von Los Angeles bei, da es schon in den 1930er-Jahren eine regelrechte Rassentrennung der Stadtgebiete gab und sich dadurch Gettos bildeten. Im Jahr 1992 kam es dann zu einer Ausschreitung zwischen weißen Polizisten gegen den Schwarzen Rodney King. Hier gab es verschiedene Vorwürfe bezüglich einer Diskriminierung. King sollte aufgrund einer Verfolgungsjagd mit vier weißen Polizisten festgenommen werden. Er wurde von den vier weißen Polizisten zusammengeschlagen. Eine Jury sprach alle vier Polizisten frei, dadurch begannen große Unruhen, vor allem in South Los Angeles.

Diese Unruhen hielten sechs Tage an, es wurden mehrere Tausend Menschen verletzt und 53 Menschen sind durch die Unruhen sogar gestorben. Mehrere Schwarze hatten nach diesem Urteil viele Häuser in Brand gesteckt und Läden ausgeraubt. Leider sind dadurch auch zahlreiche Ladeninhaber, vor allem die Weißen unter ihnen, zu Opfern geworden. Es wurde eine viertägige abendliche Ausgangssperre verordnet und diese konnte dem ganzen Chaos erst ein Ende bringen. Eine gute Folge hatten diese Krawalle: Die Polizisten wurden erneut unter Anklage gestellt und zwei Polizisten wurden auch verhaftet. Dieses Ergebnis beruhigte die Bürger.

Auch noch heute sind die Spannungen zwischen den verschiedenen Völkern ein Problem, allerdings nicht mehr so extrem, wie es in den 90er-Jahren war.

Heute ist Los Angeles sogar die zweitgrößte Stadt, nach New York, der Vereinigten Staaten von Amerika. Insgesamt besteht der Großraum Los Angeles aus 122 Städten und Stadtteilen. Die besonderen und sehenswerten Stadtteile werden Sie natürlich im Folgenden kennenlernen.

Die Klischees der Stadt

Los Angeles ist eine Stadt der Widersprüche. Hier trifft Hollywood auf Gettoleben, der Walk of Fame auf Compton. In Los Angeles ist nichts von Dauer, sondern alles ständig im Wandel. Dies ist ein bekanntes und wahres Klischee von Los Angeles. Ein weiteres bekanntes Klischee ist, dass Los Angeles eine Autostadt ist. Dem muss man zustimmen! Die Straßen sind immer voll mit Autos. Man sieht auch alle Autos auf den Straßen, von Oldtimern bis zu den teuren und schicken Lamborghini und Limousinen. Das Fahren auf den Straßen ist auch viel entspannter, als man es sich vorstellt. Die amerikanischen Autofahrer sind auch viel rücksichtsvoller als die deutschen. Los Angeles ist eine unvorstellbare große Stadt. Man erkundigt diese zwar am besten zu Fuß, aber man sollte sich dennoch einen Mietwagen mieten, weil der Abstand zwischen den sehenswerten Orten viel zu groß sind.

Die Freeways, die sogenannten Autobahnen in Los Angeles, sind viel größer und breiter als die Straßen, die man in Deutschland kennt. Wenn man mit dem Auto durch die Straßen zieht, spürt man auch das amerikanische Flair. Durch die fremden Gebäude, die schönen Landschaften und auch die Straßenschilder bekommt man schon eine ganz andere Atmosphäre, als wenn man auf der deutschen Autobahn fährt. Auch ein bekanntes Klischee ist es, dass man in jeder Ecke von Los Angeles einen Star sehen würde. Los Angeles ist zwar die Stadt mit der größten Stardichte der Welt, jedoch wissen die Promis auch, wie sie sich in ihren schicken Villen in Bel Air vor den Touristen zurückziehen. Am sogenannten Walk of Fame sieht man jedoch täglich Spiderman-, Marilyn Monroe- und Michael Jackson-Doubles und in dem Wachsfigurenkabinett Madame Tussauds Hollywood bekommt man auch seine Fotos mit den beliebten Hollywood Stars Lady Gaga, Demi Lovato und Co.

Die Menschheit

Los Angeles ist die Stadt mit den zwei Gesichtern. Es gibt viele Obdachlose, aber auch viele Millionäre. Vor allem für den Wechsel zwischen Armut und Reichtum ist die Stadt bekannt.

Die Menschen an sich sind sehr offen und hilfsbereit, es ist auch sehr leicht, Freundschaften zu schließen, da die Menschen auf einen zugehen. Sie behandeln einen respektvoll und helfen bei jeder Kleinigkeit aus. Die Einwohner erwarten aber auch, dass man sich ihnen gegenüber respektvoll verhält.

Das Leben

Wenn man in Los Angeles dauerhaft leben möchte, braucht man dringend einen Job, da dort die Unterhaltskosten enorm sind – viel höher als in Deutschland. Die Jobsuche ist leicht, da es viele Job-Möglichkeiten gibt, jedoch muss man sich auch viel mehr anstrengen und immer 200 Prozent geben, um voranzukommen. Vor allem, wenn man ein ausländischer Arbeitnehmer ist. Man muss unter den zahlreichen anderen Mitarbeitern herausstechen, um ein positives Bild von sich zu erzeugen.

Des Weiteren benötigt man dringend ein Auto, um in der großen Stadt Los Angeles voranzukommen. Los Angeles ist bekannt für seine schlechten öffentlichen Verkehrsmittel, es kann bis zu drei Stunden dauern, um von einem Ort zum anderen zu gelangen. Da viele aber mit den Autos unterwegs sind, kommt es auch häufiger zu Staus. Man sollte sich eine Wohnung am besten direkt am Arbeitsplatz suchen.

Essenbedarf und Benzin sind eigentlich ungefähr genauso teuer wie in Deutschland, allerdings muss man auch den Unterschied zwischen Dollar und Euro bedenken. 1 Dollar sind umgerechnet ca. 93 Cent. Eine Mietwohnung ist jedoch enorm teuer, als man es von Deutschland kennt. Man kann mit ca. 2000 Euro für eine normale 1- bis 2- Zimmerwohnung rechnen.

Trotzdem ist das Leben vielseitig und es wird nicht langweilig. Es gibt zahlreiche Freizeitaktivitäten, die man unternehmen kann! Es ist eine komplett andere Atmosphäre, als man sie aus Deutschland kennt.

Das Essen in Los Angeles

Es gibt in Los Angeles eigentlich keine traditionellen Speisen, da die Stadt so viele multikulturelle Schichten an Einwohnern hat, ist auch die Küche sehr unterschiedlich.

Sehr beliebt sind jedoch die amerikanischen Speisen mit viel Fleisch und Kartoffeln und die mexikanische Küche mit pikanten Burritos, Enchiladas und Tamales. Auch beliebt sind japanische und koreanische Gerichte, vor allem Sushi und Bandnudeln. Die Amerikaner servieren immer gigantische Portionen, sodass das meiste Essen in die sogenannte Doggybag (Essensreste zum Mitnehmen) eingepackt wird. Außerdem ist das Essen sehr fetthaltig. Das Gute: Durch die multikulturellen Angebote an Speisen gibt es Speisen für jeden Geldbeutel.

Wenn Sie in Los Angeles essen gehen, werden Sie an jedem Eingang eines Restaurants die Bewertungen vom Gesundheitsamt auffinden. Die Restaurants werden mit Buchstaben benotet, so steht A für eine einwandfreie Küche, B steht dafür, dass es immer noch gut ist, C und D allerdings sind nicht mehr akzeptabel.

Die Buchstaben stehen auf Schildern und sind in der Farbe Blau markiert. Es wird hier, genauso wie an den Stränden, sehr auf Hygiene geachtet. Weiterhin ist es wichtig, dass man im Restaurant nicht einfach selbst einen Tisch aufsucht, man wird zu den Tischen hingeführt, am Tisch angekommen erhält man auch sofort ein Glas Wasser und einen Korb mit Brot. Die Zubereitung der Speisen erfolgt recht schnell, sodass nie längere Wartezeiten entstehen. Außerdem ist das Trinkgeld sehr wichtig, da die Servicekräfte auch darauf angewiesen sind.

Es sollten 15 bis 20 % der Rechnung als Trinkgeld gegeben werden, dies wird auch erwartet. Man muss sich vor allem die Rechnung gut anschauen, da manchmal auch ein falscher Preis aufgeschrieben wurde, dies passiert vor allem bei Touristen.

Die Speisekarte beinhaltet Entrees, das sind die Hauptspeisen, und durch Appetizer, das sind die Vorspeisen. Die meisten Lokale in Los Angeles sind sieben Tage die Woche geöffnet.

Die Modestadt

Los Angeles bietet viele Einkaufsmöglichkeiten an. Es gibt zahlreiche Schnäppchenläden, wie Loehmann's oder Ross – Dress for Less, die man in vielen Stadtteilen finden kann, da sie weit verteilt sind. In diesen Geschäften bekommt man Designermoden und vieles mehr schon zu Discountpreisen, man hat eine überwältigende Auswahl.

Los Angeles ist auch das Shopping-Mall-Paradies. Jedoch sind in den meisten Shopping-Malls, mit nur kleinen Abweichungen, immer die gleichen Geschäfte vorhanden, daher muss man sich auch nicht durch jede Shopping Mall "durch shoppen".

Ein sehr beliebtes Shopping-Center ist das Beverly Center, da hier zahlreiche Geschäfte vorhanden sind, eine weitere Mall ist das Grove, da man hier unter freiem Himmel shoppen kann, was natürlich an den heißen Sommertagen sehr ansprechend ist, sowie das Santa Monica Place, wo es auch ein riesiges Angebot an Geschäften gibt und das ebenfalls nicht überdacht ist.

In den meisten Kaufhäusern kann man auch 2 bis 3 Stunden kostenlos parken, man findet bei der Einfahrt die Schilder, was man beachten muss und wie die Preise für das Parken sind. Die Mitarbeiter in den Läden sind sehr hilfsbereit und aufmerksam. Die Öffnungszeiten, wie auch bei den meisten Restaurants, sind sieben Tage die Woche meist von 10 bis 20 Uhr. Es gibt auch Boutiquen auf den Straßen, diese schließen aber meist schon um 18 Uhr. Supermärkte sind, anders als hier in Deutschland, jedoch rund um die Uhr geöffnet.

Außerhalb der Stadt gibt es auch einige Outlet-Stores, dort kann man sogar zu Einkaufspreisen shoppen. Die meisten Malls haben das ganze Jahr über auch Ausverkauf, das heißt, man kann auf jeden Fall gute Schnäppchen machen.

Für Souvenirs und ähnliche Artikel gibt es zahlreiche Geschäfte auf dem Walk of Fame.

Die Verkaufssteuer ist im Preis nicht inbegriffen, überall werden 9,75 Prozent Sales tax addiert.

Wenn man sich elektrische Sachen in Los Angeles kaufen möchte, gibt es dazu auch viele Möglichkeiten, allerdings sollte man aufpassen, da man in Amerika eine andere Netzspannung hat als in Deutschland.

Verbote

In Los Angeles ist es verboten, öffentlich Alkohol zu trinken. Man darf nicht einfach mit einer Bierflasche durch die Straßen ziehen oder eine Weinflasche am Strand aufmachen. Des Weiteren ist es verboten, einfach die Straße zu überqueren. Die sogenannten Jaywalks bringen Strafzettel mit sich. Außerdem darf man sich nicht vordrängeln. Egal, ob an der Kasse oder auf der Straße, wer drängelt, zählt als respektlos und darauf achten die Einwohner sehr. Man darf auch nicht oben ohne am Strand baden oder sich sonnen, dies ist auch verboten.

Nicht ratsam ist es, nachts an den Strand zu gehen, da die Kriminalität sehr hoch ist, ist man vor einem Überfall nicht sicher. Wie schon erwähnt, sollte man sich im Restaurant nicht einfach hinsetzen oder zu wenig Trinkgeld bezahlen. Dies gilt als unhöflich und wird nicht erwartet. Auch das Rauchen ist nicht überall erlaubt, vor allem nicht in geschlossenen Restaurants oder Geschäften, teilweise auch an manchen Stränden, vor allem in Santa Monica zählt der Pier und der Strand als Nichtraucher-Zone.

Ein Tipp, der auch nicht ratsam ist: Wenn man Geld abheben möchte, sollte man zu den Banken gehen und nicht zu den freien ATM's, wie sie sich zum Beispiel auf dem Walk of Fame befinden. Man weiß nie, wem die Automaten gehören oder wo die Kartendaten hingehen.

Das Klima

Los Angeles ist eine Stadt, wo das subtropische Klima herrscht und die Jahrestemperatur erreicht im Durchschnitt ca. 18 Grad Celsius. Genauso wie in Deutschland ist der Januar der kälteste Monat im Jahr mit ca. 7 Grad Celsius und der Monat August der wärmste Monat mit einer Durchschnittstemperatur von ca. 28 Grad Celsius, diese wird aber oft leicht überschritten.

Los Angeles liegt nah am Pazifik, dadurch herrschen kühle Winde und die heißen Sommertage sind dadurch auch gut auszuhalten. Im Herbst sinkt dann die Temperatur wieder auf eine Durchschnittstemperatur bis ca. 16 Grad Celsius. Oft ist es aber auch so, dass wenn man einen Urlaub im November in Los

Angeles plant, da man sich noch über bis zu 24 Grad Celsius erfreuen kann. Ab September wird es in den Arbeitszeiten etwas kühler, daher empfiehlt es sich auf jeden Fall, immer etwas zum Überziehen mitzunehmen. Die Stadt der Engel kann man mit dem europäischen Land Spanien im Klimaverhältnis gut vergleichen.

Die angenehmste Reisezeit für Los Angeles liegt zwischen den Monaten Mai bis Oktober, da in diesen Monaten die optimalen Bedingungen für die Stadt herrschen. Jedoch ist das Wetter in Los Angeles sehr konstant, daher lohnt sich der Urlaub auch in den übrigen Monaten sehr. Es ist davon abhängig, welchen Urlaub man plant. Möchte man einen Strandurlaub, lohnt sich natürlich die Sommerzeit sehr.

Wenn es aber ein Städtetrip werden soll, würden die Monate März, April und Mai sehr infrage kommen. Auch im November, Dezember und Januar ist es tagsüber sehr angenehm und man kann in dieser Zeit auch besonders gut wandern oder auf einen Shopping-Trip gehen. Regentage gibt es eher wenige in Los Angeles. Dafür ist die Anzahl der Sonnenstunden das ganze Jahr über sehr hoch.

Durch die vielen heißen Sommertage entstehen in Los Angeles so gut wie alle zwei oder drei Jahre ernst zu nehmende Waldbrände, die besonders gefährlich für die Touristen und die Bevölkerung sind. Es ist empfehlenswert, vor einem Reiseantritt unbedingt zu überprüfen, wie das derzeitige Wetter in der kalifornischen Stadt ist, vor allem sollte man den Nachrichten nachgehen, ob es möglich ist, dass es in der nächsten Zeit zu einem Waldbrand kommen kann, damit man als Tourist nicht so einem Brand ausgesetzt wird und dadurch der Spaß am Urlaub vergeht.

Die Top 10 der Sehenswürdigkeiten

Los Angeles ist, wie schon öfter erwähnt, die Stadt der Engel! Wenn man an Los Angeles denkt, kommt einem immer Hollywood, die Stadt der Stars und Film-Glamour in den Sinn. Doch hinter der kalifornischen Großstadt verbirgt sich noch vieles mehr.

Denn Los Angeles besteht aus vielen Stadtteilen, die von den Stränden bis ins kalifornische Hinterland reichen. Wie schon öfter beschrieben: Los Angeles ist eine sehr abwechslungsreiche, multikulturelle, aber auch sehenswerte Stadt. Mit diesen Top 10 der Sehenswürdigkeiten gebe ich Ihnen ein

Reiseziel, dass die Reise unvergesslich machen wird.

Top 1:

Ist klar der **Walk of Fame**. Viele haben ihn schon im Fernseher gesehen und auch von ihm gehört. Er ist das Herzstück von Hollywood, eine der berühmtesten Hauptattraktionen. Alle Stars, die durch ihre Filme oder durch ihre Musik bekannt wurden, erhalten im Walk of Fame einen Stern mit ihrem Namen auf dem Boden. Touristen machen oft Fotos mit dem Stern ihres Lieblingsstars und bewundern ihn.

Die schönen Sterne aus Messing und Terrazzo kosten etwa 24.000 Euro für die Niederlassung und Pflege. Wenn man einen bestimmten Stern von seinem Lieblingsstar finden will, kann man den Online-Stern-Sucher des Walk Of Fames benutzen, dieser führt Sie dann zu dem Stern Ihres Traumstars. Allerdings sollte man nicht zu viel erwarten. Wenn man aber schon den Walk of Fame besichtigt, sollte man sich auch einen Besuch in das berühmte Museum Madame Tussauds erlauben. Natürlich darf man sich auch nicht einen Trip durch das nahegelegene Chinatown entgehen lassen.

Top 2:

Das **Griffith Observatory** ist ein bedeutendes Wahrzeichen. Es bietet spannende Einblicke in die Astronomie, zum Beispiel mit Ausstellungsstücken zum Mond und Mars. Es wurde im Jahr 1935 im Art-Deko-Stil erbaut. Diese Sehenswürdigkeit ist auch so besonders, da man von dem Observatorium einen unvergesslichen Ausblick auf ganz Los Angeles erleben kann.

Der Stadtteil Hollywood liegt sehr nah am Observatorium, deswegen ist es möglich, dass man den bekannten Hollywood-Schriftzug von hier sehen kann. Außerdem hat man auch eine gute Ansicht auf die Hollywood Hills und über die Innenstadt Downtown. In dem bekannten Restaurant at the end of the Universe, das von dem Chefkoch Wolfgang Puck betrieben wird, kann man ein wunderbares herzhaftes Essen und den schönen Anblick weiterhin genießen.

Wenn Sie das Observatorium kurz vor Sonnenuntergang besuchen, können Sie die Stadt sowohl am Tag als auch in der Nacht bewundern. Es dient auch zahlreichen Hollywood-Filmen und TV-Serien als Kulisse. Das Observatorium dient aber nicht nur zu einem schönen Ausblick, auch das Innere des Observatoriums ist sehenswert. Vor allem sind die kunstvoll verzierten Wände und Decken – darunter nicht zuletzt die große Rotunde – sehr sehenswert. Der Eintritt in das Observatorium ist kostenlos, auch die Preise des Restaurants halten sich in Grenzen. Man kann auch eine Führung durch das Planetarium machen, diese kostet für Erwachsene 7 Dollar und für Kinder 3 Dollar. Die üblichen Öffnungszeiten sind derzeit von Dienstag bis Freitag von 12 Uhr bis 22 Uhr sowie Samstag und Sonntag von 10 Uhr bis 22 Uhr.

Das Parken an dieser Sehenswürdigkeit ist allerdings etwas schwierig. Mittlerweile wird auch eine Parkgebühr von 4 Dollar verlangt und es gibt lange nicht so viel Parkplätze wie Besucher. Am besten ist es, wenn man sein Auto einige hundert Meter unten an der Straße parkt und dann zum Observatorium hoch läuft.

Top 3:
Ist **Venice Beach**. Dort herrscht eine eigene alternative Lebenskultur, deswegen wurde Venice Beach bekannt. Es ist ein lebhafter Küstenstrand, der zwar laut, aber auch bunt ist, viele Touristen fasziniert die Atmosphäre, die am Venice Beach herrscht. Wer sich aber von dem ganzen Getümmel wegziehen möchte, für den sind vor allem die Venice Canals geeignet. Man kann am Ufer schön spazieren gehen und entdeckt eine hübsche Ansicht auf die rechts und links

gelegenen traumhaften Villen. Es gibt dort auch viele Brücken, die das eine Ufer mit dem anderen verbinden. Verglichen mit Venice Beach herrscht dort Ruhe und Entspannung. Die Canals sollen auch an die italienische Stadt Venedig erinnern.

Der bekannte Muscle Beach, der in der Nähe des Venice Beach ist, ist auch sehr bekannt, hier trainieren die Bodybuilder, egal, ob alt oder jung, männlich oder weiblich. Um die Bodybuilder herum zeigen Straßenkünstler ihre Musik und Talente. Zahlreiche kleine Läden geben dem Venice Beach ein besonderes Ambiente. Man kann all diese zahlreichen Attraktionen bei einem Bummel an der Strandpromenade ganz entspannt auf sich wirken lassen.

Es gibt hier auch verrückte Läden, wie zum Beispiel die „Freakshow", wo man unglaubliche Dinge vorfindet, ein Beispiel, es gibt hier eine Schildkröte mit zwei Köpfen. Aber Vorsicht, das ist nichts für zarte Gemüter!

Top 4:
Sind die beiden Museen das **Getty Center** und die **Getty Villa**. Diese beiden Attraktionen locken mehrere Millionen Touristen jedes Jahr an, deswegen gehören sie auch zu den bekanntesten Sehenswürdigkeiten von Los Angeles. Die Museen sind auf ihre eigene Art und Weise außergewöhnlich und

bewundernswert, es sind weit mehr als nur normale Museen. Beide Museen werden von dem Öl-Milliardär J. Paul Getty finanziert und verwaltet. Daher stammt auch der Namen der beiden Museen.

Das Getty Center ist deutlich größer als die Getty Villa. Es ist ein Kunstmuseum, das auf einem Hügel liegt, daher hat man auch einen schönen Ausblick auf die Stadt Los Angeles. Es besteht aus mehreren verschiedenen Gebäuden und in dem Museum sind zahlreiche Kunstwerke verschiedener Stilrichtungen enthalten – von alten Gemälden bis zur modernen Fotografie. Die umliegenden Gärten gewähren dieser Attraktion auch eine besondere Atmosphäre.

Das Getty Center ist von Dienstag bis Sonntag von 10 Uhr bis 17:30 Uhr geöffnet und samstags bis 21 Uhr. Das Parkhaus öffnet schon um 9:30 Uhr. Der Eintritt in das Museum ist kostenlos, es wird allerdings eine Parkgebühr von pauschal 15 Dollar fällig. Das Parken ist hier grundsätzlich leichter als bei dem Observatorium, es sind meist genügend Parkplätze vorhanden, wenn man nicht gerade zu den Stoßzeiten auftaucht. Wenn man sein Auto abgestellt hat, fährt man mit einer kleinen Bahn den Hügel hoch zur Anlage.

Die Getty Villa ist kleiner als das Getty Center, dafür aber auch fokussierter. Hier werden Werke aus der römischen und griechischen Kultur ausgestellt, da die Villa einem Gebäude der römischen Stadt Herculaneum nachempfunden wurde. Die Stadt fiel dem Ausbruch des Vesuvs im Jahre 79 nach Christus zum Opfer. Die Architektur und Gärten der Villa überzeugen allerdings auch.

Die Getty Villa ist nur dienstags geschlossen, sonst von Mittwoch bis Montag von 10 Uhr bis 17 Uhr geöffnet. Die unterschiedlichen Öffnungszeiten dienen dazu, dass es die Möglichkeit gibt, wenigstens eines der beiden Museen anschauen und besuchen zu können. Genau wie bei dem Getty Center ist der Eintritt in die Villa kostenlos, allerdings wird auch hier eine pauschale Parkgebühr von 15 Dollar fällig. Hier gibt es doch einen Unterschied: Die Tickets für den Eintritt müssen vorab im Internet reserviert werden, damit nicht alle Besucher zur gleichen Zeit die Anlage besuchen und sich die Besucheranzahl dadurch limitiert. Die Ticketanzahl ist auch nur begrenzt. Die Getty Villa wird auch der kleinere Bruder nach römischem Vorbild genannt, da sie kleiner als das Getty Center ist.

Top 5:

Downtown Los Angeles, oft sagt man, Los Angeles würde keine klassische Innenstadt besitzen. Das ist nicht richtig. Downtown Los Angeles besitzt ein großes Zentrum. Es befindet sich südöstlich vom beliebten Stadtteil Hollywood. Downtown ist auch der Platz, an dem vor fast 250 Jahren die Stadt von dem spanischen Gouverneur gegründet wurde.

Mit vielen Wolkenkratzern ist Downtown das politische Zentrum der Stadt, hier findet man in erster Linie viele Bürogebäude vor. Downtown ist so groß, dass man es nochmal in vier Viertel unterteilen kann. Im Norden, das absolute Highlight, befindet sich die 1939 eröffnete Union Station, ein großer historischer Bahnhof, der wegen seiner besonderen Architektur sehr sehenswürdig ist. Wenn man den Bahnhof betritt, erinnert er gar nicht an einen gewöhnlichen Bahnhof, dieser Platz wurde auch für viele Filme, oft zum Beispiel als Polizei Revier, benutzt. Von außen erinnert der Bahnhof an eine spanische Mission.

Im Norden von Downtown befindet sich auch Chinatown, ein Viertel, das aus vielen Restaurants, Bars und auch Kunstgalerien besteht. Hier ist die Anzahl an Einwohnern auch mehrheitlich asiatischer Abstammung. Des Weiteren befindet sich im Norden auch die Olvera Street, eine Straße, die ganz im spanischen Stil gebaut wurde. Hier befinden sich auch einige Souvenir-Geschäfte und Imbissläden.

Sie ist auch der älteste Teil der Stadt. In der Nähe der Olvera Street erreicht man The Cathedral of our Lady of Angels, dies ist eine sehr amerikanische und moderne Kirche, die im Jahr 2002 für ca. 200 Millionen US-Dollar erbaut wurde. Man kann die Kathedrale auch von innen besichtigen, ein Blick lohnt sich in jedem Fall. Die Öffnungszeiten der Kathedrale sind montags bis freitags von 6:30 Uhr bis 18 Uhr und samstags und sonntags etwas später.

Westlich befindet sich der Financial District und östlich befindet sich Little Tokyo. Wenn großes Interesse besteht, kann man einen Blick auf Little Tokyo werfen, es ist zwar nicht vergleichbar mit Chinatown, trotzdem gibt es hier einige japanische Restaurants, Geschäfte, buddhistische Tempel und auch japanische Kirchen, allerdings ist es genauso wie der Financial District, wo es nur Wolkenkratzer gibt, unter anderem auch der 55 stöckige 777 Tower, nicht besonders sehenswert. Südlich von Downtown existiert dann The-Broad-Museum, ein Museum für zeitgenössische Kunst und die Walt Disney Concert Hall. Die Walt Disney Concert Hall ist die Heimat des Los Angeles Philharmonic Orchestra. Sie wurde von dem bekannten Architekten Frank Gehry entworfen, dieser hat auch die bekannten Gehry Bauten in Düsseldorf entworfen. Diesen Teil der Stadt nennt man auch Bunker Hill, es ist durch die zahlreichen Museen das kulturelle Herz der Stadt. In Bunker Hill steht schließlich auch der U.S. Bank Tower, der höchste Wolkenkratzer der Stadt, mit einer Höhe von 310 Metern.

Die Straße weiter entlang trifft man auch auf den Grand Park und die Los Angeles City Hall, diese ist von Montag bis Freitag von 9 Uhr bis 17 Uhr geöffnet. Da es ein großes Gebäude ist, hat man von hier aus auch einen schönen Ausblick auf die ganze Innenstadt. Im 27. Stockwerk der City Hall befindet sich ein Observatorium für Touristen. Der Eintritt ist auch kostenfrei.

Die City Hall wurde im Jahr 1928 ebenfalls in dem Art-Deko-Stil erbaut. Allerdings sollte man sich nicht zu viel von der Innenstadt erhoffen, wie man das so von Großstädten kennt, wurden hier auch die Camps der Obdachlosen aufgeschlagen und es gibt auch viele heruntergekommene Häuser. Abends sollte man Downtown generell vermeiden, da man, genauso wie beim Venice Beach, nicht vor einem Überfall gesichert ist. Dennoch lohnt sich ein kurzer Rundgang durch die Innenstadt, der Rundgang wird auch nicht besonders viel Zeit in Anspruch nehmen, nach 2 bis 3 Stunden hat man dann schon alles Sehenswerte der Innenstadt gesehen.

Top 6:
Santa Monica

Im Grunde genommen ist Santa Monica gar nicht mehr ein Teil von Los Angeles, es ist aber so nah an Los Angeles, nördlich vom Venice Beach, dass man es auf jeden Fall zu den Sehenswürdigkeiten von Los Angeles zählen kann. Santa Monica ist einer der beliebtesten Strände auf der Welt. Hier findet man den berühmten, aber auch kitschigen Santa Monica Pier, der oft als Kulisse in vielen Filmen benutzt wird, wo es einen unvergesslichen Vergnügungspark gibt und ein schönes kleines Einkaufsviertel.

In Santa Monica, anders als in Los Angeles oder vielen anderen Großstädten von Amerika, gibt es hier eine Innenstadt, wo man einkaufen und durch eine Fußgängerzone laufen kann. Das wohl Sehenswerteste in Santa Monica ist der Pier, den man auch in zahlreichen Filmen wiedererkennt. Er wurde schon im Jahr 1909 errichtet. Hier kann man einen einmaligen Ausblick auf den langen Steg mit den vielen Imbissgeschäften, die schöne Strandkulisse und das solarbetriebene Riesenrad im Freizeitpark erleben. Ein traumhafter, einmaliger und vor allem außergewöhnlicher Ort bei Los Angeles! Auch hier gibt es zahlreiche Straßenkünstler, was die Atmosphäre noch unbeschreiblich schöner macht, da man zusätzlich auch die Livemusik von ihnen genießen kann. An dem kilometerweiten Sandstrand werden Sie auch viele Surfer, Badenixen und Sonnenanbeter antreffen. Die Strandpromenade ist sehr lang und man ist von dem goldenen Sandstrand umhüllt, es wird das Gefühl der Entspannung hier in Santa Monica zu 100 Prozent erweckt.

Einen Haken gibt es leider trotzdem: Der laute Highway verläuft direkt neben der Strandpromenade. Wenn man im Meer ist, hört man diesen zwar kaum, wenn man aber an der Promenade spazieren geht, ist dieser leider auch nicht zu überhören. Die bekannte Route 66 findet hier auch ihr Ende. Dennoch erlebt man hier eine unvergessliche Kulisse. Was vor allem erwähnenswert ist: Hier wird besonders auf Hygiene geachtet und der ca. 6 Kilometer lange Strand ist in einem sehr gepflegten Zustand.

Santa Monica ist aber nicht nur für seine traumhafte Strandkulisse bekannt, man kann es auch mit den großen Shopping-Städten wie Manhattan oder dem nicht weit entfernten Beverly Hills vergleichen. Hier gibt es eine Vielzahl an Einkaufsmöglichkeiten, zum Beispiel viele kleine Geschäfte, aber auch eine große Shopping-Mall. Das Einkaufsviertel befindet sich am Santa Monica Boulevard entlang der Third Street Promenade. Es gibt hier zahlreiche Geschäfte wie in den meisten großen Malls von Los Angeles; Geschäfte von Nordstrom bis Channel.

An der Montana Avenue findet man vor allem hochwertige Boutiquen, viele Krimskrams-Geschäfte gibt es dann an der Main Street. Zahlreiche Restaurants sind auch vorhanden, in Santa Monica ist das gastronomische Angebot sehr vielseitig. In den Straßen von Santa Monica findet man alles, was das Herz begehrt, egal ob man Vegetarier, Veganer ist oder Lust auf ein saftiges Steak hat. Da die Stadt sehr klein ist, kann man hier auch alles fußläufig erreichen und alles liegt dicht beieinander.

Was Santa Monica auch außergewöhnlich macht, sind die Freizeitparks, vor allem der Pacific Park, ein feiner Vergnügungspark mit einem Riesenrad, Achterbahnen und vielen anderen Attraktionen. Ein Tagesticket zu dem Vergnügungspark liegt bei 25 Dollar und er ist ab 11 Uhr morgens geöffnet. Was man sich auch auf keinen Fall entgehen lassen sollte ist der atemberaubende Sonnenuntergang, hier hat man die Möglichkeit, einen unvergesslichen Anblick zu erleben! Man nennt diese Zeit auch die Golden Hour, da der Sonnenuntergang sehr farbenfroh ist.

Santa Monica ist auch sehr bekannt für seine gut besuchten Bauernmärkte, diese finden das ganze Jahr über wöchentlich statt. Die meisten Restaurants kaufen auch ihre Lebensmittel nur von diesen Bauernmärkten. Auch das Parken hier ist leichter als bei vielen anderen Attraktionen von Los Angeles, hier gibt es zahlreiche Parkhäuser, die in den ersten 90 Minuten sogar kostenlos sind und ab der ersten angefangenen Stunde werden dann 1,25 Dollar berechnet.

Nach ca. drei Stunden Parkzeit werden dann aber 1,85 Dollar verlangt, da man nach drei Stunden meist schon alles Sehenswerte in Santa Monica gesehen hat. Hier gibt es vor allem auch zahlreiche Hotels, wenn man nicht gerade in Los Angeles übernachten möchte, wäre hier die perfekte Alternative. Dazu werden Sie aber auch später mehr erfahren, welche Möglichkeiten sich hier anbieten.

Top 7:
Long Beach befindet sich etwa 50 km entfernt von Downtown, gehört aber trotzdem noch zu Los Angeles. Wie der Name schon sagt, handelt es sich hierbei um einen tollen langen und breiten Sandstrand, der sich genauso wie die meisten anderen Strände von Los Angeles in einem top gepflegten Zustand befindet. An dem langen Sandstrand entlang befinden

sich zwischendurch auch einige Imbissbuden, Restaurants und auch viele Bars. Auch hier ist für jeden Geschmack etwas zu haben. Aufgrund der Breite des Strandes findet man trotz Flut auch hier ein schönes ruhiges Plätzchen. Das Einzige, was hier fehlt: Es gibt leider so gut wie keine Schattenplätze. Es ist also ratsam, einen Sonnenschirm mitzunehmen, so ist man vor einem Sonnenstich bewahrt!

Der Hafen von Long Beach ist auch der zweitgrößte von ganz Amerika. In diesem Viertel von L.A. existieren vor allem zwei Sehenswürdigkeiten, für die sich ein Besuch in Richtung Süden der Stadt auf jeden Fall lohnt. Denn es ist nicht nur ein schöner lebhafter Strand, hier gibt es zum einen auch das **Aquarium of the Pacific**. Es ist eines der beliebtesten Aquarien im Südwesten, das immer gut besucht ist. Hier gibt es, wie der Name schon verrät, knapp 11.000 verschiedene Tierarten, die meisten stammen von dem Pazifik ab. Durch die raumhohen Fenster ist es ein echt wunderbares Erlebnis, hier einmal durchzulaufen.

Hier bietet sich die Möglichkeit, unter lebensgroßen Walmodellen zu spazieren, man kann in ein neonfarbiges Korallenriff schauen, wo auch viele bunte Fische herumschwimmen, oder, wenn man aus dem Aquarium in das Gehege geht, wo es mitunter verschiedene Pinguine gibt, bietet sich hier auch die Möglichkeit, diese zu beobachten. Des Weiteren gibt es hier auch die Möglichkeit, im Streichelbecken Lebewesen von der südkalifornischen Küste zu betrachten und sogar anzufassen. In der Shark Lagoon findet man auch zahlreiche verschiedene Arten von Haien und anderen Raubtieren, die es im Ozean gibt.

Man spricht hier garantiert nicht von einem gewöhnlichen Aquarium, es ist schon etwas Besonderes! Der Eintritt in das Aquarium of the Pacific liegt derzeit für Erwachsenen bei knapp 30 Dollar und für Kinder bei ca. 18 Dollar. Es ist täglich von 9 Uhr bis 18 Uhr geöffnet. Auch das Parken stellt hier keine Problematik dar, es gibt ausreichend Parkmöglichkeiten, hier beläuft sich die Parkgebühr auf 8 Dollar.

Nicht weit entfernt von dem Aquarium of the Pacific findet man auch schon die zweite Sehenswürdigkeit von Long Beach, es ist die **RMS Queen Mary**. Dies ist ein Schiff, das im Jahr 1930 erbaut und überwiegend für Kreuzfahrten eingesetzt wurde. Im Zuge des Zweiten Weltkriegs wurde es aber auch zum Transport von Truppen, die zum Einsatz kamen, genutzt. Seit dem Jahr 1967 wurde das Schiff aus dem Betrieb genommen und steht seitdem in Long Beach.

Heutzutage ist die Queen Mary ein Museum,

aber es wird auch als Hotel, Film- und Event Location genutzt, da man das Schiff in mehrere Teile unterteilen kann. Auch dieses Schiff wurde damals in dem bekannten Art-Deko-Stil erbaut. Für die meisten Touristen ist der Teil des Schiffes mit dem Museum besonders interessant.

Hier dürfen die Besucher die Quartiere des Kapitäns, den Maschinenraum, auch die Brücke und viele weitere Teile des großen Schiffes besuchen. Das Schiff wurde mit dem Namen von der Königin Mary von Teck, der Ehefrau König Georgs V., getauft, da sie sich gewünscht hat, dass dieses prachtvolle Schiff ihren Namen trägt. So blieb der Reederei nichts anderes übrig und es wurde am 26. September 1934 zur "Queen Mary" getauft.

Im Bereich des Museums werden auch 4-D-Filme gezeigt, man kann aber auch eine Tour durch das Schiff mit den Fachleuten antreten. Diese sind allerdings nicht kostengünstig, es hängt davon ab, welche Tour man gebucht hat. Der Eintritt ohne Tour liegt bei Erwachsenen bei 25 Dollar und Kinder bezahlen 14 Dollar. Das Museum ist täglich von 10 Uhr bis 18 Uhr geöffnet, auch hier gibt es ausreichend Parkmöglichkeiten. Man kann auch ein Kombi-Ticket mit dem Aquarium of the Pacific buchen, oft gibt es im Internet zahlreiche Angebote, daher sollte man sich unbedingt vor Reiseantritt über aktuelle Angebote informieren und gegebenenfalls online reservieren.

Da Long Beach genau in die andere Richtung, nämlich im Süden von Los Angeles, liegt und die meisten anderen Sehenswürdigkeiten genau in die entgegengesetzte Richtung liegen, wird es oft nicht in Betracht gezogen, diese Sehenswürdigkeiten, die dort vorhanden sind, anzuschauen. Wenn man sich aber die Sehenswürdigkeit Disney Land Anaheim anschaut, auf die ich auch noch zurückkommen werde, kann man einen ca. zweistündigen Zwischenstopp hier auf jeden Fall einlegen, da es auf dem Weg liegt. Diese Zeit reicht auch völlig aus, um alles Sehenswerte in Long Beach zu erkunden.

Top 8
Disney Land Anaheim zählt zu den beliebtesten Freizeit-Attraktionen. In diesem Freizeitpark findet die ganze Familie ihren Spaß, egal, ob man schon erwachsen oder noch ein Kind ist, es gibt hier so viel zu entdecken. Disney Land wurde im Jahr 1955 selbst von Walt Disney eröffnet. Das Ziel von ihm war es, einen Ort zu erschaffen, an dem Kinder und Erwachsene zusammen viel Spaß erleben können. Und das ist ihm stets gelungen. Es gibt zahlreiche Attraktionen, auch für Kinder, die unter 10 Jahre alt

sind. Auf den ca. 340.000 Quadratmetern befinden sich mehr als 60 Attraktionen. Dazu gehört einmal die Attraktion The Main Street, eine Straße, wo man Dampflokomotiven, Pferdekarren bis hin zu alten Mickey Maus-Filmen sehen kann. Die Main Street befindet sich direkt am Anfang des Vergnügungsparks.

Die zweite Station, wenn Sie mit Kindern unterwegs sind, sollte auf jeden Fall Mickeys Toontown sein. In der Toontown spazieren ganz viele Disney Figuren herum, mit denen man auch viele Fotos schießen oder sie umarmen kann, was den Kindern sehr viel Spaß bietet. Die Toontown wurde mit einem bunten "Comic Look" gestaltet, dies spricht die jüngere Generation auch sehr an. Des Weiteren gibt es auch zahlreiche Karussells. Die auch speziell für Kinder gestaltet wurden, besonders interessant ist die Finding Nemo Submarine Voyager, da man hier eine kleine Tour mit einem U-Boot machen kann. Diese Tour basiert auf dem Disney Film "Findet Nemo". Aber es gibt auch zahlreiche andere Möglichkeiten in diesem großen Vergnügungspark.

Auch für die Älteren gibt es zahlreiche Attraktionen, die man unbedingt ausprobieren muss. Gerade für die Jugendlichen sind die Achterbahnen interessanter als andere Dinge. Das Schöne im Disney Land ist, hier gibt es auch viel mehr Achterbahnen als andere Attraktionen. Zu den besten Achterbahnen gehört einmal die Big Thunder Mountain Railroad, eine Achterbahn, die eher einen klassischen Stil hat, bei der es aber auch Steigerungen gibt, und man durchfährt ein Gebirge, also hat man dabei auch einen schönen Anblick.

Des Weiteren gehört auch die Stars zu den besten Rides von Disney Land, es ist ein 3-D-Motion-Simulator, der den weltbekannten Film Star Wars darstellen soll. Die wohl schönste Achterbahn von dem ganzen Freizeitpark ist jedoch die Indiana Jones Adventure. Hier fährt man in einem besonders wackeligen Jeep durch einen Tempel und man muss den Mauern, Pfeilen und auch Steinen ausweichen. Da die Fahrt so wackelig ist, wird man auch ordentlich durchgeschüttelt. Diese Achterbahn ist definitiv keine klassische Achterbahn, wie man sie kennt, daher sollte man diese auf jeden Fall ausprobieren. Außerdem wurde sie sehr schön nach dem gleichnamigen Film gestaltet. Wenn man eine Abkühlung wegen des heißen Klimas haben möchte, dann ist die Wasserbahn Splash Mountain genau die richtige Alternative, denn hier wird man ordentlich nass. Sie erinnert an eine typische Wildwasserbahn.

Wenn man Attraktionen mit der ganzen Familie erleben möchte, bieten sich hier auch zahlreiche

Attraktionen an. Hierzu zählen vor allem einmal das Geisterhaus Haunted Mansion, da dies aber auch für jüngere Spaß machen und nicht angsteinflößend sein soll, ist der Fear Faktor sehr gering und das Tempo der Achterbahn eher niedrig. Man fährt durch eine Villa, die zugewachsen ist und es werden einige Effekte dabei gezeigt.

Eine weitere Attraktion, die auch dazu gehört, ist die Pirates of the Caribbean, wo man mit einem Boot durch eine dunkle Höhle fährt und dabei einige Storys anhört und animierte Figuren sieht. Diese Ride basiert auf dem Film Fluch der Karibik. Wenn man im Sommer Disney Land besucht, hat man die Möglichkeit, am Abend noch ein atemberaubendes Feuerwerk zu erleben. Dieses findet im Sommer fast täglich statt, im Herbst und im Winter sollte man sich vorher erkundigen, wann es stattfindet.

Vor allem sollte man sich auch vorab erkundigen, welche Rides am Tag geöffnet sind, an dem man den Freizeitpark auch besucht, denn manchmal sind einige Attraktionen geschlossen, weil sie eine Testphase oder Ähnliches durchlaufen müssen. Es wäre zu schade, wenn man so viel Geld für das Ticket ausgibt und genau dann die Attraktion geschlossen hat, die man unbedingt ausprobieren wollte. Deswegen ein gut gemeinter Tipp: unbedingt vorher informieren. Leider ist das Disney Land für viele Touristen eine beliebte Sehenswürdigkeit, sodass der Freizeitpark oft sehr überfüllt ist, gerade zur Sommer-Saison lohnt es sich fast gar nicht mehr, so viel Geld für ein Ticket auszugeben, da man mit vielen langen Wartezeiten rechnen muss, zwei Stunden ist schon üblich, deswegen ist es umso besser, je früher man kommt, desto mehr hat man auch von dem Erlebnis.

Am besten sollte man sich schon vor den Öffnungszeiten beim Ticketverkauf anstellen. Ein sehr wissenswerter Tipp, wenn man den Freizeitpark besucht: Das Disney Land bietet ein neues System an, wo man für eine Ride ein Ticket bekommt, dass man nicht die übliche lange Wartezeit ertragen muss. Dies sind die sogenannten Fast-Pass-Tickets, die man aber nur einmal verwenden kann. Der Fast-Pass ist auch kostenlos. Es wird eine bestimmte Uhrzeit festgelegt, zu der man dann diese Attraktion erleben darf. Auch sehr lohnend ist es, wenn man die sogenannten Single Rider Lines benutzt.

Man kann sich in der Schlange anstellen, wenn man allein diese Attraktion durchqueren will, so wird man beispielsweise auf einen freien Platz sozusagen als "Füllmaterial" eingesetzt, viele Achterbahnen haben nämlich drei oder vier Plätze frei und die

Mitarbeiter besetzen meistens den letzten freien Platz mit denen, die sich in der Single Rider Line angestellt haben. So erspart man sich auch eine enorme Wartezeit, kann dann allerdings auch nicht mit seiner Familie zusammen die Attraktion erleben. Wenn man sich in dieser Schlange anstellt, dann kann es manchmal sein, dass sich die üblichen zwei Stunden Wartezeit auf teilweise nur zehn Minuten verkürzen.

Die Öffnungszeiten vom Disney Land sind abhängig von der Saison und dem Wochentag, an dem man den Vergnügungspark besuchen möchte, deswegen sollten Sie sich auch hier unbedingt vorab informieren. Auch der Eintrittspreis ist saison- und tagesabhängig. Meist kosten die Tickets für Kinder über zehn Jahren und Erwachsene um die 104 bis 149 Dollar.

Deswegen sollte man sich vorab Gedanken machen, ob sich der Ausflug auch lohnt, man soll die Wartezeit, aber auch die zahlreichen und unvergesslichen Attraktionen beachten. Hier gibt es auch zahlreiche Parkmöglichkeiten, die aber nicht gerade kostengünstig sind, so zahlt man am Tag zwischen 25 und 30 Dollar an Parkgebühren. Die Parkplätze sind aber gut ausgeschildert, einen zu finden, wird auf keinen Fall ein Problem darstellen.

Als Alternative zum Disney Land zählen auch die Universal Studios Hollywood, hier gibt es auch zahlreiche Rides und unvergessliche Attraktionen. Dieser Vergnügungspark punktet nicht nur mit seinen Rides, hier finden auch erlebnisreiche Studio-Touren statt, was auch sehr interessant ist, allerdings ist das Gebotene nicht mit dem Disney Land vergleichbar.

Top 9:

Der **Exposition Park** befindet sich sehr zentral gelegen inmitten der Großstadt Los Angeles. Oft befinden sich wenige Grünflächen nahe dem Zentrum, hier stellt der Exposition Park die Ausnahme dar. Er stellt einen besonderen Platz der Natur mitten im Zentrum dar. Hier gibt es einen Rose Garden, wo man über 20.000 Rosenbüsche und mehr als 2000 verschiedene Rosenarten auffinden kann, vor allem in der Blütezeit, zwischen Mai und Juni herum, ist dieser sehr sehenswert und einen Besuch wert.

Dieser wurde schon im Jahr 1927 angelegt. Aber der Exposition Park stellt nicht nur eine Oase der Natur, sondern auch eine Oase der Wissenschaft dar. Hier trifft man auf viele verschiedene Museen. Wer behauptet, dass Los Angeles keine Museen anbietet, täuscht sich in diesem Fall und muss dem Exposition Park einen Besuch abstatten.

Man sollte vor allem Betonung auf das California Science Center legen, wie der Name schon verrät, handelt es sich bei diesem Museum um die Wissenschaft und die Technik. Was dieses Museum auch besonders macht, anders als bei vielen Museen, kann man hier auch die Sachen anfassen, ausprobieren und nicht nur anschauen. Auch für Kinder ein schönes Erlebnis, denn oft ist es so, dass sie der englischen Sprache nicht gewachsen sind und deswegen viele Museen eher ein Ausschlusskriterium bei einem Familienurlaub sind, bei dem California Science Center sind die Sprachkenntnisse eher Nebensache, da alles sehr anschaulich dargestellt wird.

Hauptsächlich dreht sich in diesem Museum alles um Raumschiffe, es gibt zwar einige Nachbauten, aber auch viele Originale, wie die Apollo Kapsel, oder das wohl Herausragendste vom ganzen Museum: Das alte Space Shuttle Endeavour, das 25 Weltalleinsätze ausführte, unter anderem zum Hubble Space Telescope oder der internationalen Raumstation, aber auch zahlreiche andere Flugzeuge, die man aus der Nähe bestaunen kann. Dieses Museum ist jeden Tag von 10 Uhr bis 17 Uhr geöffnet und der Eintritt ist kostenlos.

Aber dies war nicht das einzige Museum, auch das California African American Museum ist erwähnenswert. Hier können Sie sich Kunst, Skulpturen, Fotografien und Videoausstellungen anschauen.

Ebenfalls auf dem Parkgelände befindet sich die Memorial Sports Arena, ein großes Fußball Stadion. Hier fanden in den Jahren 1932 und 1984 auch die Olympischen Sommerspiele statt.

Im Exposition Park trifft man auch auf eine der größten Dinosaurier-Hallen der ganzen Welt. Man findet in dieser Halle das weltweit einzige Exemplar des Tyrannosaurus Rex. Diese Halle befindet sich im Natural History Museum. Dieses Museum deckt mehr als 4,5 Milliarden Jahre Geschichte ab. Der Eintritt ist allerdings nicht kostenlos, er liegt bei 15 Dollar für Erwachsene, 12 Dollar für Jugendliche und 7 Dollar für Kinder bis 12 Jahren. Die Öffnungszeiten sind von dienstags bis samstags von 10 Uhr bis 17 Uhr und sonntags ist ab 11 Uhr geöffnet.

Es befinden sich noch zahlreiche weitere Attraktionen auf dem Gelände, die meistens auch kostenfrei sind. Durch die Grünflächen und Gärten, die Museen und diverse Spielfelder ist der Exposition Park ein unvergesslicher Ort, wo man spielen, lernen und eine schöne Zeit verbringen kann.

Der Park befindet sich südwestlich von Downtown, das Parken ist auch recht einfach, da man direkt zum nächsten freien Parkplatz geleitet wird, die Parkgebühr ist dafür aber auch mit 12 Dollar, egal, wie lange man bleibt, enorm hoch. Wenn das Stadion in Betrieb ist, ist es definitiv schwerer, einen freien Parkplatz zu bekommen, daher sollte man sich auch hier unbedingt vorher informieren, wann der beste Reisetag für einen unvergesslichen Tag im Exposition Park ist.

Top 10:
Beverly Hills und der **Rodeo Drive**. Beverly Hills ist ein Stadtteil im westlichen Teil von Los Angeles. Es ist das Zuhause vieler Prominenter. Man nennt es auch das Viertel der Reichen und der Schönen. Die Fläche dieses Stadtteils umfasst knapp 15 Quadratkilometer, hier leben seit den 60er-Jahren nie mehr als rund 33.000 Einwohner.

Der Grund dafür ist wahrscheinlich: Es ist sehr schwer, sich hier eine Immobilie zu leisten. Die Immobilien, hauptsächlich große Villen, sind sehr luxuriös gestaltet. Wer sich in diesem Teil der Stadt ein Haus leisten kann, der hat es geschafft mit den wohlhabendsten Einwohnern zu leben. Klingelschilder sucht man an den üppigen Villen allerdings vergeblich, dies hat den Ursprung, dass die Prominenten und Stars und zahlreiche weltbekannte Regisseure hier anonym daheim bleiben wollen.

Neben den teuren Villen gibt es hier auch die weltbekannte Luxus-Einkaufsstraße, den Rodeo Drive. Über drei Blocks versammeln sich hier Marken wie Chanel, Giorgio Armani, Louis Vuitton und viele mehr. Die Straße zieht sich über 3,2 Kilometer einmal quer durch die Stadt. Kein internationaler Designername oder Juwelier fehlt auf dem Rodeo Drive. Daher ist es wahr, dass der Rodeo Drive eine der luxuriösesten Meile der ganzen Welt ist und eine hohe Anerkennung verdient hat. Auch, wenn sich viele Bürger hier nichts leisten können, ist es trotzdem ein unvergessliches Erlebnis, hier findet das ultimative Schaufensterbummeln statt.

Vor den Läden parken auch die fetten Autos, von den luxuriösen Lamborghini oder Ferrari bis hin zu den Porsches. Und wer weiß, vielleicht trifft man auch auf den ein oder anderen Star. Hier trifft man auf Designermarken, die in Amerika schon ihren Namen gemacht haben und nun auf dem Sprung zum internationalen Ruhm sind. Aber es geht auf dem Rodeo Drive nicht nur um Mode oder Lifestyle, hier trifft man auch auf viele Restaurants oder Cafés und es gibt hübsche Geschäfte mit einer großen Auswahl, die sonst auch auf der ganzen Welt angeboten wird. Wenn man schon hier ist, gehört es einfach dazu, einmal über den Rodeo Drive zu spazieren.

Vor allem wirkt die Stadt ordentlich und struktu-riert, die Villen reihen sich aneinander und der Stra-ßenrand wurde mit großen Palmen verziert. Ein un-vergesslich schöner Anblick. An vielen Ecken von Beverly Hills befinden sich auch kleine schön gestal-tete Stadtparks und vor allem ist es, wenn man nicht gerade am Rodeo Drive bummelt, ein sehr ruhiger Stadtteil. Wenn man durch die Seitenstraßen des rei-chen Viertels zieht, trifft man auch auf viele teure Autos. Das Einzige, was man hier zwischendurch hört, ist der Motor eines Ferrari. Beverly Hills liegt sehr günstig in Los Angeles, grob zwischen den Stadtteilen Hollywood und Santa Monica und ist des-wegen auf jeden Fall einen Zwischenstopp wert.

Nicht weit entfernt vom Rodeo Drive findet man den edlen Beverly Gardens Park. Hier befindet sich auch der bekannte 40 Meter lange Beverly Hills Schriftzug, der auch in vielen Filmen vorkommt. Diese wunderschöne und sehr gepflegte Anlage wurde im Jahr 1911 angelegt. Beverly Hills ist, durch die hohe Dichte an Stars und Millionären, einer der bestbewachten Städte von ganz Amerika.

Daher sollte man sich auch nicht zu lange in den Seitenstraßen der Reichen aufhalten, in der Hoff-nung, jemand bekanntes zu sehen, da man sonst von der Polizei kontrolliert wird. Davon abgesehen, ist es auch nicht unwahrscheinlich, am Rodeo Drive einen Promi zu sehen, der gerade auf einer Shopping-Tour durch die zahlreichen Designer-Geschäfte ist.

Insider-Tipps

Wenn Sie die Reise in die Stadt der Engel gebucht haben, dann rate ich Ihnen, sich diese Insider-Tipps zu Herzen zu nehmen.

1. Los Angeles ist wirklich eine sehr große Stadt. Man sollte sich unbedingt ein Auto mieten, denn ohne kommt man hier nicht weit. Man ist aufgeschmissen und ohne Auto lohnt sich die Reise überhaupt nicht. Es gibt zwar öffentliche Verkehrsmittel, aber leider ist das Netz an den öffentlichen Verkehrsmitteln so schlecht, dass man teilweise Stunden braucht, um an sein Ziel zu kommen. Dafür ist die Zeit zu schade, die man auch viel sinnvoller nutzen könnte. Auch in Amerika gibt es die bekannten

Autovermietungsfirmen, wie Sixt oder Hertz. Wenn man keinen Führerschein hat, sollte man sich die U-ber-App downloaden, damit man immer einen Fahrer parat hat, denn auf Dauer mit dem Taxi zu fahren, würde auch zu teuer werden. Abgesehen davon, ist es auch nicht so leicht, sich hier ein Taxi zu bestellen.

Man kann die Yellow Cabs nicht einfach vom Straßenrand anhalten, sondern muss diese telefonisch bestellen. Eine Rufnummer wäre zum Beispiel die 424 222 2222. Man sollte sich auch einen Taxi-Rechner downloaden, damit man auch hier keine Probleme bekommt, gerade, wenn man als Tourist reist. Die derzeitige Grundgebühr liegt bei 2,85 Dollar und pro Kilometer werden 1,70 Dollar berechnet. Wenn man vom Flughafen ein Taxi nimmt, muss man noch 4 Dollar zusätzlich bezahlen.

2. Sie sollten auch nicht Ihre Zeit damit verschwenden, um nach Promis zu suchen. Die meisten Prominenten genießen hier ihre Anonymität und wollen nicht gefunden werden. Es ist äußerst selten der Fall, dass man zufällig einen Star auf der Straße trifft, auch in Beverly Hills. Eine echte Chance, einen Hollywood Star zu treffen, hat man, wo sie ihre Interviews abgeben. Das ist im Four Seasons Los Angeles at Beverly Hills, eines der beliebten, aber auch teuren Hotels von Los Angeles. Oder im Runyon

Canyon Park, hier gehen viele Promis zum Joggen hin oder auch, um einfach mal abzuschalten und die Natur um sich herum zu genießen. Er befindet sich in dem beliebten Stadtteil Hollywood.

3. Wenn man das bekannte Hollywood Sign betrachten oder fotografieren will, ist der beste Platz dafür die Fahrt über den Mullholland Drive. Von hier bekommt man alle Buchstaben perfekt auf ein Bild. Der Haltepunkt, der den grandiosen Blick auf das Hollywood Sign bietet, ist der Jerome C. Daniel Overlook.

Man kann von dem Mullholland Drive aber nicht nur das beliebte Hollywood Sign sehen, sondern auch die traumhaften Ausblicke auf ganz Los Angeles und den Pazifik erleben, da es auch zahlreiche Haltepunkte gibt. Aber man muss aufpassen, nicht jeder Haltepunkt ist auch befestigt oder gesichert. Zur Abwechslung gibt es auf dieser Straße auch keine Staus oder viele Ampeln, wie in der Stadt. Durch die vielen Kurven und wenigen Ampeln ist dieser Drive auch eine großartige Motorrad-Strecke. Was den Drive auch besonders macht: Hier kann man nachlesen oder sich Fotos anschauen, wie Hollywood früher ausgesehen hat.

4. Vor allem sollte man sich nicht den Sonnenuntergang auf kalifornische Art entgehen lassen.

Einen unvergesslichen Anblick bekommt man am Pier von Santa Monica, diesen Ausblick kann man mit kaum einer anderen Stadt vergleichen, da er so traumhaft ist, wenn die Sonne im Wasser untergeht und man zusätzlich noch den Blick auf das Riesenrad hat. Diesen Sonnenuntergang sollte man sich aber auch nur in Santa Monica anschauen, da an anderen Stränden oder Stadtteilen von Los Angeles die Kriminalität gerade zu den Abendstunden sehr hoch ist.

5. Sie sollten auch unbedingt an einer Studios-Tour teilnehmen, um die Kulissen von vielen Filmen oder TV-Shows zu besuchen. In welches Studio man geht, sollte man von den Serien oder Filmen abhängig machen, die man am liebsten hat. Denn man soll nicht vergessen, Los Angeles ist nicht nur für die schönen Strände oder Prominenten bekannt, sondern vor allem wegen der Filmindustrie.

6. Man sollte sich hier einmal auch als Pretty Woman fühlen dürfen, deswegen gehört Shopping in Beverly Hills und Bel Air auch dazu, unter den zahlreichen Designer-Geschäften gibt es hier aber auch Läden für Bürger, die nach Schnäppchen suchen. In der Einkaufsstadt Los Angeles wird jeder fündig!

Tipps für den kleinen Geldbeutel

Generell sind zahlreiche Attraktionen sowieso kostenlos, aber auch sehenswert, oder die Kosten halten sich in Grenzen. Es gibt aber auch die sogenannte Go-Los-Angeles-Card, diese Karte funktioniert als Ticket zu mehr als 58 touristischen Hauptattraktionen unter anderem Vergnügungsparks, Museen und auch Stadtrundfahrten.

Dadurch spart man sich beim Eintritt eine Menge Geld. Man kann eine Einzelkarte beispielsweise für Erwachsene für 65 Dollar erwerben und für Kinder für 60 Dollar. Die Einzelkarte gilt für 1 Tag und gilt für diesen Tag für unbegrenzte Attraktionen. Die Einzeltage können zwei Wochen lang in Anspruch genommen werden. Man kann aber auch einen 3-Tages-Pass erwerben, dieser kostet für Erwachsene 190 Dollar und für Kinder 160 Dollar, so hat man sich auch Geld gespart und man kann drei Tage lang alle kostenpflichtigen Attraktionen in Los Angeles anschauen und dabei trotzdem Geld sparen. Je nachdem, welche Karte man auswählt, kann man sogar bis zu 60 % sparen. Mehr Infos erhalten Sie auch auf der Website: www.smartdestination.com.

Abgesehen davon, muss man auch nicht jeden Tag in einem schicken Restaurant essen gehen, man kann auch ganz preiswert am Farmers Market an der Ecke Third St. Fairfax Avenue bei den zahlreichen Imbissständen etwas essen gehen. Hier ist für jeden Geschmack etwas dabei. Viele Restaurants und Bars bieten auch am frühen Abend eine Happy Hour an, meistens von 17 Uhr bis 19 Uhr. Hier kann man schon Miniportionen bestellen, die zwischen 2 und 5 Dollar kosten, und da die Portionen in Amerika sowieso immer gigantisch sind, reicht eine Miniportion vollkommen aus.

Auch shoppen gehen kann man in den schon erwähnten bekannten Kaufhäusern Nord Strom oder bei Loehmann's, auch hier gibt es Designerwaren zu exklusiven Preisen. An der Touristeninformation am Eingang vom Hollywood & Highland Center kann man sich auch kostenlos eine Elephant-Card abholen, mit dieser Karte bekommt man im Einkaufszentrum auch bis zu 20 Prozent Rabatt.

In der Zeit zwischen Juni und September werden am Santa Monica Pier unter freiem Himmel die Sommerkonzerte veranstaltet, der Eintritt ist kostenlos.

Auch günstige Schlafmöglichkeiten gibt es hier in Los Angeles, so findet man bei Air BnB viele Unterkünfte schon ab 40 Dollar oder das Orange Drive Hostel in Hollywood, das wie eine Jugendherberge aufgebaut ist, ist auch sehr preiswert. Es gibt hier Betten schon ab 32 Dollar, die Küche wird untereinander geteilt und es gibt auch kostenloses WLAN. Man kann außerdem auch bei den Hotels anrufen, oft bieten diese auch Sparangebote zu bestimmten Zeiten an.

Wenn man sich ein Auto mietet, so sollte man dies vorab schon in Deutschland buchen, so spart man sich auch eine Menge Geld. Die meisten Anbieter verlangen von Fahrern, die unter 24 Jahre alt sind, auch eine höhere Gebühr, das heißt, es sollte immer der Älteste den Mietwagen buchen, wer dann am Ende damit fährt, spielt hier eher die kleinere

Rolle. Der Sprit ist auch wesentlich günstiger als in Deutschland.

Sie sollten sich auch nicht die Chance entgehen lassen, mit kostenlosem Eintritt in das Observatorium des Griffith Parks den großartigen und unvergesslichen Ausblick auf Hollywood wahrzunehmen.

Was auch wichtig ist: Man sollte sich eine SIM-Karte vor Ort kaufen. Dies lohnt sich auf jeden Fall, da die meisten Anbieter genügend Freiminuten zum Telefonieren anbieten mit mindestens 2 GB Internet, dies wird vollkommen ausreichen. Außerdem gibt es auch schon an zahlreichen Plätzen von Los Angeles, garantiert in fast jeder Bar, Restaurant oder im Hotel, kostenloses WLAN oder Hotspots.

Heutzutage kann man in Amerika auch schon sehr viel mit Kreditkarte bezahlen, dies sollte man auch umsetzen, es lohnt sich nicht, so viel Bargeld umzutauschen und dann noch die Gebühren zu bezahlen, daher sollte man immer, wenn es geht, seine Kreditkarte benutzen. Wenn man nicht gerade in der Saison reist, kann man auch enorm viel Geld für die Flüge sparen. Generell ist es so: Je früher man bucht, desto billiger. Die Flugpreise, vor allem kurz vor Flugantritt, können sich stündlich erhöhen! Aber trotzdem gilt eine wichtige Sache, die man nicht vergessen soll: Man ist im Urlaub und darf sich auf jeden

Fall auch mal etwas gönnen! Allerdings kommt man mit ca. 100 bis 120 Dollar am Tag, inklusive Hotel, gut auf seine Kosten, wenn man sich dabei auch etwas Kleines gönnt. Natürlich gilt es hier aber auch: Je mehr man will, desto teurer wird auch das Vergnügen.

Hotelempfehlungen

E s ist immer schwierig, das passende Hotel zu finden, da man sich vorab entscheiden muss, welche Lage am besten zu einem passt. Natürlich spielen auch die Kosten eine große Rolle, hier ist es abhängig davon, ob man viel Zeit im Hotel verbringen wird und viel Wert auf Sauberkeit oder andere Faktoren legt, oder ob es einem reicht, dass man einen Schlafplatz hat, der Hauptsache günstig ist. In Los Angeles gibt es sehr viele unterschiedliche Hotels, das Angebot ist riesig, dafür aber auch sehr unübersichtlich.

Für ein vernünftiges Hotelzimmer in Los Angeles kann man zwischen 140 Dollar bis 700 Dollar pro Nacht rechnen, eine sehr große Spanne. Es gibt auch billigere Hotels, Hotels oder Motels. Hier gibt es bei-spielsweise das Magic Castle Hotel. Hier zahlt man für ein Doppelzimmer eine Woche lang ca. 1500 Euro. Das Hotel hat 3 Sterne und gute Bewertungen. Vor allem die Lage passt, wenn man sich inmitten von Hollywood aufhalten will.

Die genaue Adresse des Hotels ist die 7025 Franklin Avenue, Hollywood, CA 90028. Hier gibt es Parkmöglichkeiten für 14 Dollar pro Nacht. Wenn man ein Hotel direkt am Flughafen bucht, dann wäre hier das Hampton Inn and Suites El Segundo emp-fehlenswert. Hier kostet eine Woche im Doppelzim-mer ca. 1000 Euro. Das Hotel hat 2 Sterne und die Parkgebühr liegt bei 15 Dollar pro Nacht. Man soll aber auch beachten, dass der Flughafen LAX etwas weiter vom Zentrum entfernt ist. Die genaue Ad-resse des Hotels lautet 888 N Sepulveda Blvd, El Se-gundo, CA 90245.

Wenn man sich nach einem Strandurlaub sehnt, wäre ein Hotel in Santa Monica angebracht, da Santa Monica auch nicht weit vom Venice Beach entfernt ist. Die Entfernung beträgt etwa 6 Kilometer. In Santa Monica ist das Hotel Viceroy Santa Monica sehr empfehlenswert. Es hat 4 Sterne, einen Pool und sehr gute Rezensionen. Hier kostet eine Woche im Doppelzimmer ungefähr 3600 Dollar, das ist den

Preis aber auch Wert. Die Parkgebühr beträgt hier 50 Dollar pro Nacht. Die genaue Adresse ist die 1819 Ocean Ave, Santa Monica, CA 90401.

Natürlich gibt es auch andere Möglichkeiten, seinen Urlaub in Los Angeles verbringen. Man kann in Ferienwohnungen unterkommen, sich ein Wohnmobil in Los Angeles mieten oder, wenn man ganz günstig davon kommen möchte, kann man auch in einem Hostel schlafen. Hier werden die Zimmer mit sechs bis acht Leuten belegt und man schläft auf Etagen-Betten und teilt sich das Badezimmer.

Preislich kommt man hier schon mit 500 Dollar für 14 Tage hin. Also ein erheblich großer Unterschied, allerdings hat man auch nicht die gleiche Atmosphäre, wie in einem Hotel. Ein Beispiel wäre das gut bewertete Walk of Fame Hostel, die Adresse lautet 6820 Hollywood Boulevard, Hollywood, Los Angeles, CA 90028.

Anreise und Einreise

Von den großen Flughäfen, wie Düsseldorf, Berlin, München oder Frankfurt, gehen vor allem in der Hauptsaison mehrere Direktflüge bis zum Los Angeles International Airport LAX. Die Preise sind hier saisonabhängig und können zwischen 200 und 800 Euro variieren. Man kann aber auch Flüge nehmen, die irgendwo zwischenlanden, denn wenn man von Deutschland reist, muss man auch bedenken, dass man mindestens 12 bis 14 Stunden in der Luft ist.

In Los Angeles angekommen, muss man erstmals den "Port of Entry" durchlaufen. Hier finden die

Pass- und Zollkontrollen statt, die sehr zeitaufwendig sind. Man wird nach dem Grund der Einreise und der Aufenthaltsdauer gefragt. Bei den Zollkontrollen gibt es tierische Officer, hier suchen Deutsche Schäferhunde, ob man verbotene Dinge dabei hat. Man muss vor ihnen keine Angst haben, dass sie bestens ausgebildet sind.

Nach den Zollkontrollen hat man es dann geschafft und man kann zum Hotel fahren. Am Flughafen gibt es Shuttleservices ab 19 Dollar, die alle großen Hotels anfahren. Ein Taxi nach Downtown Los Angeles, Santa Monica oder Hollywood kostet zwischen 40 und 60 Dollar. Wie schon öfter erwähnt, ist Busfahren ist kompliziert und zeitaufwendig, daher lohnt es sich nicht. Trotzdem gibt es die sogenannten Fly Away Busse, diese fahren direkt zur Union Station in Downtown und kosten etwa 7 Dollar und sie halten an jedem Terminal. Mit diesem Bus ist man ca. 40 Minuten unterwegs. An der Union Station angekommen, fährt man entweder mit der U-Bahn nach Hollywood oder nimmt hier die lokalen Busse, je nachdem, wohin man muss.

Um in Amerika einreisen zu dürfen, braucht man einen maschinenlesbaren Reisepass, auch Babys und Kleinkinder brauchen den Reisepass. Als EU-Bürger braucht man kein Visum, wenn der

Aufenthalt nicht länger als 90 Tage andauert. Wenn man nach Los Angeles reist, muss man mindestens 72 Stunden vor Flugantritt den ESTA-Antrag stellen. ESTA steht für Electronic System for Travel Authorization. Man meldet sich bei dem Department of Homeland Security an, die Kosten für den Antrag liegen bei 14 Dollar.

Schlusswort

Das waren auch schon alle wichtigen Informationen über einen gelungenen Aufenthalt in Los Angeles. Ich hoffe sehr, dass ich Sie überzeugen konnte, dass Los Angeles doch ein sehr traumhaftes und erlebnisfreudiges Reiseziel ist. Ich wünsche Ihnen eine gute Reise und einen entspannten Aufenthalt in der Stadt der Engel!

Packliste

Geld & Finanzen

O (evtl.) Auslandswährung
O Bargeld
O Bauchtasche
O Brustbeutel
O Bauchtasche
O EC-Karte
O Kreditkarte
O Notfall-Telefonnummern der Banken
O Portmonee

Hygiene

O Haarbürste / Kamm
O Deo (klein)
O Shampoo
O Kulturtasche
O Sonnencreme
O Taschentücher

O Reise-Zahnbürste und Zahnpasta
O Verhütungsmittel

Kleidung

O Badeklamotten
O Gürtel
O Hosen kurz / lang
O Mütze / Cap / Hut
O Pullover
O Regenjacke
O Schlafanzug
O Socken
O Sonnenbrille
O Sportklamotten / Jogginghose
O T-Shirts
O Unterwäsche

Medikamente

O Blasenpflaster
O Anti-Durchfalltabletten
O Erste-Hilfe-Set

O Fiebertabletten

O Fiebertabletten

O Mückenschutz

O sonstige Medikamente

O Pflaster

O Kopfschmerztabletten

Unterlagen & Papiere

O ADAC Unterlagen

O Adresslisten für Postkarten

O Krankversicherungsnachweis

O Stadtplan

O Führerschein

O Unterlagen für die Unterkunft

O Wasserdichte Hülle für Reiseunterlagen

O Impfausweis

O Mietwagenunterlagen

O Personalausweis

O Reisepass

O Reisetagebuch

O evtl. Studentenausweis

O evtl. Visum
O Zug- / Bahn- / Flugticket

Taschen & Rucksäcke

O Koffer / Trolley / Reisetasche
O Regenhülle für Rucksack
O Rucksack

Schuhe

O Badeschlappen / Hausschuhe
O Schuhe und Wechselschuhe

Sonstiges

O Brille / Kontaktlinsen und Etui
O Buch zum Lesen
O Ohrenstöpsel und Schlafmaske
O Regenschirm
O Reisedecke
O Wasserflasche
O Wörterbuch

Elektronik

O Digitalkamera
O Handy
O Ladekabel
O Kopfhörer
O evtl. Steckdosenadapter
O Power-Bank

Herstellung und Verlag:

BoD – Books on Demand, Norderstedt

ISBN: 9783751995764

© Inken Klee 2020

1. Auflage

Kontakt: Psiana eCom UG/ Berumer Str. 44/ 26844 Jemgum

Covergestaltung: Fenna Larsson

Coverfoto: depositphotos.com